GUSTAVE JANCE

SOUVENIRS
DU
SIÈGE DE PARIS
1870-1871

LE MOULIN DE CACHAN

LA MORT DU " MOBLOT " GOZA

MOMENT DÉSAGRÉABLE

MONTROUGE

1913

Maisonneuve, pass. Hôtel-Dieu, 41, Lyon

GUSTAVE JANCE

SOUVENIRS
DU
SIÈGE DE PARIS
1870-1871

LE MOULIN DE CACHAN

LA MORT DU " MOBLOT " GOZA

MOMENT DÉSAGRÉABLE

MONTROUGE

1913

Maisonneuve, pass. Hôtel-Dieu, 41, Lyon

AVANT-PROPOS

Les défenseurs de Belfort ont été glorifiés, comme ils le méri-
taient du reste : ceux de Paris n'ont pas moins bien mérité de la
Patrie. Si le succès n'a pas couronné leurs efforts, l'histoire,
qui déjà l'a dit, répètera qu'ils ont sauvé plus que l'honneur ;
car, si au lieu d'un général qui n'avait foi qu'en une intervention
« surnaturelle », les milliers de braves qui en formaient les
phalanges avaient eu à leur tête un .. Chanzy, par exemple, il
est à présumer que le cercle de fer qui les entourait eût été
rompu et que le sort final de la " guerre terrible " eût été tout
autre.

Dans tous les cas, on peut, avec un illustre écrivain (1), en
parlant de Paris, dire que, plus tard, le monde... *« sera étonné
et épouvanté de tout ce qu'a réalisé ce colosse assiégé, de tout
ce qu'il a créé, inventé, forgé : canons, fusils, mitrailleuses,
meules, moulins, minoteries, locomotives, ateliers d'habille-
ments, de sellerie, fonderies de projectiles et que sais-je ? »* Et
qu' *« Il n'a manqué à cette chose épique que cette chose insai-
sissable, le succès. Avec le succès, qui n'appartient qu'au sort
tandis que l'honneur appartient à l'homme, le siège de Paris »*
eût été *« la plus éclatante des histoires. Il en sera la plus
honorable, à coup sûr. »*

C'est pourquoi l'auteur, témoin (combien obscur) des événe-
ments qui se sont déroulés sous ses yeux et dans lesquels il a
joué le modeste rôle de simple combattant, a réuni dans cet
opuscule quelques souvenirs anecdotiques qu'il présente au
lecteur sous une forme qui, si elle n'a pas le don de l'intéresser
aura, du moins, celui de lui faire connaître les noms de quelques
uns des modestes combattants qui, près de lui, sont tombés au
champ d'honneur ; en même temps que quelques scènes, vécues,
de l'époque la plus douloureuse de notre histoire nationale.

G. J.

---

(1) Jules Claretie. Octobre 1913

LE MOULIN DE CACHAN

(Une reconnaissance malheureuse)

Aux confins de Cachan, et pendant " l'An terrible !!! "
C'est-à-dire pendant que Paris, impassible,
Sans s'émouvoir, tenait tête au peuple germain ;
Mû par l'eau de la Bièvre, on voyait un moulin
Que sa position, dominant la rivière,
Avait fait occuper, au début de la guerre,
Par la défense. Alors, recouvrant le terrain,
La Bièvre débordée, étendait au lointain,
Ainsi qu'un vaste étang, son onde limoneuse
Et formait un rempart contre l'audacieuse
Marche des Allemands ! Tout au bord du chemin
Se trouvait un barrage ; et, joignant le moulin,
Un fort retranchement, fait de pavés de grès,
Permettait à chacun de surveiller de près
L'ennemi, sans avoir à redouter ses balles

Qui, fréquemment, du reste, à de courts intervalles
L'agitant, soulevait brusquement l'eau du biez.

Le moulin était l'un des postes confiés
A notre régiment ; [1] et chaque compagnie
Y venait à son tour, cartouchière garnie,
Echanger, à distance, avec les Allemands,
Quelques coups de fusil, dont l'écho dans les champs
Se perdait, sans succès... du moins, appréciable ;
Car leurs tireurs n'offraient pas un point vulnérable,
Enfouis qu'ils étaient en des trous, très profonds,
Pratiqués dans le sol et d'où parfois leurs fronts,
Coiffés de bonnets plats, qu'on distinguait à peine,
Emergeaient seulement. Au loin, vers Bourg-la-Reine,
Et, baignant dans les eaux de la Bièvre leur pied,
Des coteaux, dominant le moulin et le biez,
Offraient à ces soldats une retraite sûre
Au milieu des taillis, touffus, dont la ramure
Formait un voile épais les cachant aux regards.
Bien qu'ils fussent armés de fusils de remparts,
Ils s'en servaient fort mal ; et leurs lourds projectiles
Sur nos retranchements par des yeux inhabiles,
Heureusement, guidés, n'arrivaient pas au but:
Car l'on ne vit qu'un homme, à cet étrange affût,
Atteint par une balle assez bien dirigée,
Pour que, profondément dans la gorge engagée,
Elle vint de ses jours presque rompre le fil ;
Qu'indécise, Atropos mit longtemps en péril.

Trop occupée ailleurs, la pâle Filandière

(1) 13ᵉ Régᵗ de Mobiles.

L'oublia. — Le barrage arrêtant la rivière
Etait, l'on s'en souvient, en avant du moulin,
Et, de coteaux boisés se trouvait très voisin.

Or, un jour de décembre, un certain capitaine,
Vieux soldat de marine et nommé Chanteraine,
Avec deux cents « Moblots », de garde en cet endroit,
Résolut d'accomplir un glorieux exploit ;
Qui, pensait-il, devait illustrer sa mémoire
Ainsi que celle aussi des gars de Saône-et-Loire ;
Dont l'un des bataillons, formant le régiment,
Se trouvait à Cachan. — Dans le retranchement,
Un sergent courageux… (mais dont le nom m'échappe)
Commandait ce jour-là. Chanteraine le happe
Et l'entraîne à l'écart ; puis, lui montrant du doigt
Une maison non loin, dont le rustique toit
Se voyait faiblement à travers le branchage
Des taillis défeuillés, il lui tint ce langage :
« Les Allemands sont là, peut-être peu nombreux !
Vous allez essayer de vous approcher d'eux,
Avec quelques "Moblots" pris parmi les plus braves ;
Mais de la discipline observateurs… esclaves !…
Quand vous aurez formé votre conviction
Sur le nombre, la force et la position
Des ennemis, venez sans bruit m'en rendre compte !
Alors, si nous pouvons, par une action prompte,
Arriver auprès d'eux et cerner la maison,
Que vous apercevez en ce sombre horizon ;
Avec la compagnie et semblable à la foudre,
Baïonnette au canon, sans nul éclat de poudre,
Nous les obligerons à se rendre à merci !

Et, triomphalement, les conduirons ici !
Songez que le succès nous couvrira de gloire !...
Que l'on en parlera jusques en Saône-et-Loire !...
Qu'on nous acclamera, lorsque nous rentrerons
Dans Mâcon, comme à Rome on acclamait les noms
Des guerriers rapportant des dépouilles opimes !
Enfin, dès que la nuit, surgissant des abîmes
Où règne Lucifer, aura d'un voile noir
Recouvert ces coteaux, voulez-vous aller voir
Combien ils sont là-bas ?... »

                 Mais votre capitaine,
Il nous semble, est bien fort sur l'histoire ancienne,
Diront quelques esprits peut-être un peu grincheux ;
Tout en trouvant qu'il est aussi par trop verbeux !...

De ses paroles, si ce n'est point là le texte,
D'en contester le sens on n'a pas de prétexte !
Car le vieux Chanteraine était un exalté
Très capable de faire, en sa loquacité,
Un discours émaillé de tableaux poétiques !...

Assaisonné, pourtant, de jurons énergiques !...

Cela dit, je reprends mon récit... — Le sergent,
Fier de la mission, l'accepta sur-le-champ ;
Et choisit, aussitôt, une demi-douzaine
De solides gaillards que l'on trouva sans peine,
Parmi ceux désireux d'aller se mesurer
Avec les Prussiens, — et qui, de s'illustrer
Cherchaient l'occasion. L'un d'eux, en la nuit sombre

Bientôt frappé, devait n'être point dans le nombre
De ceux qui du retour au foyer paternel
Iraient goûter la joie !... Hélas ! le sort cruel,
Par la mort terminant une horrible souffrance,
D'un valeureux soldat allait priver la France.

Donc, quand de son manteau sur la terre étendu,
La nuit eut, à ses yeux, des objets confondu
Les contours ; le sergent, en silence escalade
Le haut épaulement, formant la barricade
Et joignant le moulin. Son peloton le suit !
Tous gagnent les taillis, lentement et sans bruit,
L'œil au guet, le doigt prêt à presser la détente ;
Et grimpent le coteau dont on sait que la pente
Venait mourir au bord du ruisseau débordé.
Ils allaient pas à pas, n'ayant pour se guider
Que « *l'obscure clarté qui tombe des étoiles* »
Et sentaient un frisson courir dedans leur moelles
Au moindre bruit du vent dans les rameaux du bois.
A leurs yeux dilatés, il semblait que parfois,
Une ombre surgissait, fuyait dans la nuit noire !
Mais non !... ce n'était là qu'un mirage illusoire
Qu'en fixant un objet, l'on subit dans la nuit,
Et que, fermant les yeux, l'on a bientôt détruit.
Parfois encor, soudain, leur oreille attentive,
Croyait entendre, effet de l'imaginative,
Non loin d'eux, un murmure, un souffle, un pas pesant.
Ce n'était que le cœur envahi par le sang,
Qui, sous l'émotion, martelait leur poitrine.

Pourtant ils avançaient, malgré qu'une bruine

Epaisse, pénétrant leurs habits, les glaçât ;
Et bientôt ils allaient, remplissant leur mandat,
Atteindre la maison que le vieux Chanteraine
Voyait, — rêve insensé du pauvre capitaine, —
Pleine de Prussiens, tomber entre ses mains :
Quand le cri de « Wer-da ! » (qui vive des Germains)
Poussé, tout auprès d'eux, par une sentinelle
Allemande, fixait à terre leur semelle ;
Et les arrêtait net, au milieu du taillis !...

Ils cherchaient du regard, à travers le fouillis
Des rameaux enlacés, qui leur masquait sa vue ;
Le vigilant soldat dont la voix, entendue,
Avait mis à néant leur expédition ;
Lorqu'un éclair,... suivi de détonation
Et d'un crépitement effrayant dans les branches,
Les fait, vers le moulin, comme des avalanches
Revenir en courant. D'un feu de peloton,
Tiré fort au hasard, sortant de la maison
A ce cri de « Wer-da ! » ; les Allemands en somme,
Avaient, de nos « Moblots » blessé pourtant un homme.[1]
Et le pauvre garçon, de douleur succombant,
Sans proférer un cri, sous les balles tombant,
S'était évanoui sur la terre glacée ;
Pendant que d'une jambe, en deux points fracassée,
Près de lui se figeant, un flot de sang sortait...
Au bout de peu d'instants, le froid qui sévissait
Ayant, du malheureux, avivé la souffrance,
Le ranime et fait naître en son cœur l'espérance
De pouvoir, en rampant, revenir au moulin.

(1) Bernard, de Blanot.

Il allait essayer de bouger, quand soudain,
Un murmure éloigné vient frapper son oreille.
C'est son nom qu'on prononce. Il entend à merveille
Son ami le sergent qui l'appelle là-bas !!!
Il va crier : « A moi, sergent ! » lorsque des pas
Et des voix opposés, l'emplissent d'épouvante
Et glacent son appel en sa gorge haletante.
Ce sont les Allemands qui battent les taillis
Et qui, tout furieux d'avoir été surpris,
Fouillent, comme des loups, le terrain avec rage,
En poussant d'affreux cris, dans leur langue sauvage !

Si ces brutes, se dit-il, me viennent trouver,
C'en est fait de ma vie !... ils me vont achever !

Laissant donc les appels du sergent sans réponse
Il se tient immobile et muet dans la ronce ;
Dévore sa souffrance et se ronge les poings ;
Pendant que l'ennemi sonde tous les recoins
Avoisinant celui dont l'abri tutélaire,
A sa rage homicide, enfin peut le soustraire.

Du froid, qui le glaçait, subissant l'action,
Il avait au cerveau l'hallucination
Du moribond qui sent le souffle de la vie
S'échapper de son être et, dont l'âme ravie,
Comme en un songe voit tout ce qu'il a chéri ;
Lorsque sa gorge aride, auprès d'un puits tari,
Ne peut plus étancher la soif qui la dévore !

Il rêve à son village !... un brillant soleil dore

Le toit de son clocher, qu'il vient d'apercevoir.
Au foyer paternel, qu'il va bientôt revoir,
Et, d'où monte en spirale une blanche fumée,
Il surprendra sa mère... allumant la ramée...
Et dont les doux baisers couvriront son enfant...
Son vieux père, à sa vue, aussi sera content !
Et le bon chien Pataud !... quelle fête il va faire
Au jeune maître qui, revenu de la guerre,
Accomplira bientôt de paisibles exploits
En chassant avec lui, le lièvre dans les bois !...

Mais un glas, lentement, du clocher de l'église,
A son oreille tinte, apporté par la brise !!!

D'autres sont donc en pleurs... lorsqu'il est si joyeux ?

Qui donc est mort ici ? sans doute un pauvre vieux !...
Demande-t-il aux gens qu'en chemin il rencontre...
Mais chacun se détourne et, tristement lui montre
Le toit de sa chaumière. Il s'élance, et courant...
Arrive au cher logis dont la porte, en s'ouvrant,
Dévoile à son regard son vieux père et sa mère
Accablés sous le poids d'une douleur amère !...

« Pourquoi donc pleurez-vous, père et mère chéris ?
Embrassons-nous !! c'est moi !! je reviens de Paris !!!
Et toi, mon bon Pataud, ne vois-tu pas ton maître ?

Mais quoi ! vous n'avez point l'air de me reconnaître ! »

« Non ! notre fils est mort !!! » disent en sanglotant

Les parents et Pataud pousse un long hurlement !...

L'émotion, sans doute, en son âme était vive
Car le pauvre '' Moblot '', à cette voix plaintive,
Bientôt se ranimant, recouvre ses esprits.
Désireux de rentrer au moulin à tout prix,
Sur le sol. il se met à ramper en silence...
Endurant mille morts. . Mais, perdant connaissance,
Il s'arrête soudain, par la fièvre épuisé,
Lorsque le jour pointait ; et, sur le sol glacé
Restait jusqu'à l'instant où, par son camarade,
Il était retrouvé, près de la barricade
Que, la veille, il avait franchie. on sait, gaîment.

Durant ce long martyre on peut dire hardiment
Que, Jésus autrefois, (des Juifs divine proie)
Du Golgotha suivant « la Douloureuse voie » :
Quand, sous l'infâme croix, tout son corps fléchissait,
Et de ses pieds meurtris quand son sang jaillissait !
Quand chacun de ses pas, marquant une souffrance,
Des hommes asservis hâtait la délivrance !
On peut dire que Christ sur les genoux tombant,
Sous le poids des douleurs, à la fin succombant,
Souffrit peut-être moins — en dépit de la Bible, —
Que le pauvre « Moblot » dans cette nuit horrible !

Frictionnant sa tempe et ses mains, fortement,
On le ranime enfin. — Un long frémissement
Agite tout son être, et montre que la vie
En sa veine n'est point complètement tarie.
Sur un léger brancard de rameaux enlacés,

Chez les Dominicains d'Arcueil, à pas pressés
On l'emporte. Arrivant, il dit par quelles transes
Il a passé pendant cette nuit de souffrances...
Il dit le rêve affreux qui hanta son cerveau
Et son brusque réveil au cri de son Pataud !...

Mais il ne mourra pas !... non !... ce n'était qu'un songe !
Et l'on saura calmer la douleur qui le ronge !!!
Il veut vivre et revoir ses parents, son pays,...
Courir encor le lièvre au milieu des taillis !...,

Hélas ! c'en était fait ! bien loin de son village,
Il allait succomber, au printemps de son âge ;
Et les religieux, lui prodiguant leurs soins,
De ses derniers moments allaient être témoins.

Ne pouvant dégager ses jambes affaiblies
De ses bottes d'un sang tout congelé remplies,
Ces prêtres dévoués, pour y mieux parvenir
Durent en lacérer les deux tiges de cuir.
Malgré leurs soins pourtant, la hideuse gangrène
Déjouant tout remède, au bout d'une semaine,
Envoyait ce héros, droit dans l'éternité !!!

Avant qu'il succombât, avec solennité,
Sur sa poitrine on mit la médaille des braves :
Mais lui, dans un rictus navrant, de ses yeux caves
Sembla dire : « A quoi bon, puisque je vais mourir ! »
Et son âme, en effet, lasse de tant souffrir,
Abandonnant bientôt sa dépouille mortelle,
Prit, lentement, son vol vers la voûte éternelle !!!

LA MORT DU " MOBLOT " GOZA

Il s'agit d'un obus qui, du coup renversa,
Les brisant, deux canons ; puis ensuite blessa
A mort, un malheureux soldat de « la Mobile » ;
Bon garçon, serviable et d'allure tranquille ;
Appartenant, du reste, au brave bataillon
Qui comptait dans ses rangs, les « Enfants de Mâcon ».

Non loin d'Arcueil-Cachan se trouvait la redoute,
Théâtre de ce drame. Elle bordait la route
Conduisant à Bagneux et pouvait, alentour
Dominant le pays, de ses coups, tour à tour,
Mitrailler Bourg-la-Reine et Fontenay-aux-Roses.

Ce n'était plus l'époque où les roses écloses

Embaumaient les soupirs de la brise de mai ;
Les ris et les Amours, pour un séjour plus gai,
Avaient fui, dès longtemps, le vieux pays de France
Dont les échos joyeux, obligés au silence,
Avaient fait place à ceux, terribles, des combats.

Dans les champs dévastés, de farouches soldats,
Seuls hôtes des hameaux, hier encor paisibles,
Faisant frémir les airs de mille cris horribles,
Avaient du laboureur étouffé les chansons ;
Et le peuple charmant des bois et des buissons
N'ayant, pour picorer, qu'une terre sanglante,
Gagnant d'autres climats, tout saisi d'épouvante,
S'était soustrait à tant de désolation.

Quatre longs mois de lutte et d'abnégation,
Jusqu'alors, n'avaient point décidé la victoire
A sourire aux efforts, non cependant sans gloire,
Des guerriers dont Paris entourait ses remparts.
Et l'instant approchait, où, livrant aux regards
Des assiégés surpris, la gueule meurtrière
De leurs monstres d'acier ; les soldats de Bavière,
De Hanôvre et de Prusse allaient, aussi nombreux
Que les astres du ciel, faire pleuvoir sur eux,
Sans interruption, leurs obus effroyables.

Ils avaient, choisissant les postes favorables,
Dissimulés au fond des bois environnants ;
En silence, construit, sur les points culminants,
Ces ouvrages fameux, d'où, sur la fin du siège,
Ils ont osé, l'on sait..., odieux sacrilège !!!

Qui donc l'eût cru possible ?... oui ! bombarder Paris !!!
La « moderne Sodome » objet de leur mépris,
— C'est ainsi qu'ils nommaient en exultant de rage,
La ville dont le monde admirait le courage —
Devait, comme sa sœur, s'engloutir dans le feu,
Si le « Dieu des combats » accédait à leur vœu.
Mais ce Dieu qui jadis avait, contre la Gaule,
Suscitant Manlius, sauvé le Capitole,
Ne sanctionna point cette destruction !

Je mets fin, sur ces mots, à la digression
Qui m'a fait perdre un peu le fil de mon histoire ;
Et reviens aux canons, si j'ai bonne mémoire,
Dont je parlais.

                Le jour, du fort improvisé,
Par les soins d'un pointeur en son art peu rusé,
On lançait des obus qui, parfois, loin de terre,
Dans les airs éclataient comme un coup de tonnerre ;
Et produisaient, sans doute, aux Allemands, l'effet
Qu'un faible moucheron produit sur un baudet,
Lorsque d'un dard léger lui piquant l'épiderme ;
Ce dernier vous l'écrase et, du coup, met un terme,
En supprimant la cause, à l'effet irritant.
Ce fut le sort final des canons... d'un servant,
Puis aussi d'un « moblot » du peloton de garde
Au fortin, ce jour-là. Pourtant, je me hasarde
A dire que Goza, — c'est le nom du « moblot »
Dont je conte la fin, — n'étant point matelot,
Avec ses compagnons devait, près de la route,
Simplement surveiller le pied de la redoute.

Mais le plaisir de voir les artilleurs marins [1]
Qui, du fort de Montrouge, à la force des mains,
Chaque jour amenaient — les poussant de l'épaule —
Ces pièces, le perdit. Eh ! vraiment c'était drôle
De les voir arriver ; les uns tirant, j'ai dit,
L'affût et le canon ; les autres, en dépit
De l'instrument de mort, que, sans la moindre gêne,
Ils avaient bravement enfourché, de Silène
Sur le visage avaient le rire jovial ;
Alors qu'un verre en main, sur son âne à cheval,
Le gaillard, buvant sec et plein de bonhomie,
Du Parnasse amusait la docte académie.

Quant à leurs officiers, c'étaient de vaillants chefs !
A l'air tout martial ; et dont les ordres brefs
Inspiraient le respect. L'auréole de gloire
Les entourant, surtout, à l'heure où la victoire
Avait fui nos drapeaux, réconfortait le cœur.

Oui vraiment ! à côté de l'officier blagueur,
— Tenant son grade, on sait, d'un inepte suffrage —
Qu'on rencontrait au club, où, faisant étalage
De l'amas de galons dont il couvrait son bras ;
Et donnait un exemple indigne à ses soldats ;
A côté des farceurs, organisant l'émeute,
Et prêts à déchirer, comme une horrible meute,
Leur patrie : on sentait un légitime orgueil
En voyant ces marins, la bravoure dans l'œil,
Garder stoïquement leur forte discipline
Au milieu des revers de la France en ruine.

(1) Les marins du « Louis XIV ».

On comprend aisément que de simples « moblots »,
Ayant l'occasion d'approcher ces héros,
Se soient, pour un instant, éloignés de leur poste.
Mais la Mort les guettait et la prompte riposte
Des canons allemands, en s'abattant sur eux,
Allait en broyer un !...

                              Le temps était neigeux :
On était en décembre. Au lointain la ramée
Des grands bois défeuillés, sur la terre embrumée
Formait un noir massif, recélant dans son sein
Les fameux obusiers dont, pendant un mois plein,
Les féroces Teutons, n'écoutant que leur haine,
Allaient brûler Paris. La nuance incertaine
Du ruisseau de la Bièvre, émergeant d'un brouillard
Léger, le recouvrant ; comme un ruban blafard,
Dans les champs serpentait, au milieu de vieux saules
Aux rameaux dépouillés. Les jaunes folioles
Des frênes, parsemant, de bouquets isolés,
Les rives du ruisseau ; les terres et les prés
Déserts à l'horizon, impressionnant l'âme
D'une sombre tristesse, à l'effroyable drame
Préparaient les esprits.

                              Ce jour donc les marins,
— Composant un noyau de braves à tous crins —
Dans les créneaux ayant fait entrer chaque pièce,
La charge étant placée et l'angle, avec justesse,
Ayant été donné ; sur l'ordre d' « Envoyez ! »
Prononcé, brusquement, par l'un des officiers,
En sifflant, deux obus, déchirant l'atmosphère,

Des Allemands s'en vont exciter la colère.
Deux autres, à leur tour, sur deux points différents
Sont lancés ; mais, l'un d'eux — un obus à évents —
Eclate en son parcours, bien avant Bourg-la-Reine.
Les coups se discutant, on reprenait haleine,
Quand, dans un bois lointain, qu'on n'avait point fouillé,
Un éclair, tout à coup, aux regards vient briller.
La détonation suit de près la lumière...

L'obus arrive... éclate... :

                    et l'argile et la pierre,
Qu'il projette en tous sens, recouvrent les canons
De débris plus serrés qu'un amas de grêlons.
Les chefs n'avaient pas dit : « Couchez-vous !... Tous
                            [à terre ! »
Qu'un nouvel obus vient, qui, semblable au cratère
D'un volcan, en s'ouvrant brise les deux affûts...,
Tue un des artilleurs..., tandis que par dessus
Un autre étant couché, Goza du projectile
Est atteint et, du coup, selon le noble style,
Perd « la chûte des reins ».

                      Content d'un résultat
Semblable l'ennemi, terminant le combat,
Disparut dans le bois ; et bientôt l'ambulance
Enleva le blessé, dont l'horrible souffrance
Défiait tout récit. Le lendemain, la mort,
L'emportant, mettait fin à son malheureux sort ;
Pendant que le marin, auquel la même bombe
Avait ravi le jour, était mis dans la tombe.

C'est quelques jours après, un matin de janvier,
Le cinq, s'il m'en souvient, que, vomissant l'acier
Et le fer et le feu, l'énorme batterie
De Meudon démasqua sa grosse artillerie ;
Et pendant un mois plein, canonnant sans repos
Montrouge, des marins fit autant de héros.

Quant à Goza, sa mort fut à peine pleurée
Par sa mère qui, loin de s'en montrer navrée,
Répondit à la mienne, à laquelle j'avais
Ecrit [1] l'événement et qui prenait un biais
Pour lui narrer la chose : « Allez ! je vous devine
Madame…, mon garçon est tué,… j'imagine ?…
Et portant, pour la forme, un mouchoir à ses yeux,
Sans qu'un pleur, nonobstant, ne vint du malheureux
Témoigner le regret ; cette mère… incroyable…
Termina par ces mots :

                    « C'est bien désagréable!…
Mais quand on voit son fils affronter les combats ;
On doit fort peu compter le revoir ici-bas ! (2)

---

(1) Dans une lettre parvenue par ballon monté.

(2) Si je vous comprends bien, mon garçon est mort, n'est-ce pas ?..
Qu'est-ce que vous voulez ?… On sait bien que quand on voit partir
ses enfants à la guerre, on ne doit pas trop compter les revoir !…
(sic).

MOMENT DÉSAGRÉABLE
(17 Janvier 1871)

Par un froid glacial, un matin de janvier,
Je venais du rapport ; ainsi que tout fourrier,
Obligé d'accomplir son devoir, doit le faire.
La neige, en nappe épaisse, alors couvrait la terre ;
Et, dans l'air une brume, aussi d'un blanc laiteux,
Estompant les objets, cachait presque à mes yeux
Le fort, dont les canons lançaient sur Bourg-la-Reine
Et Meudon la mitraille. On distinguait à peine
Les bois des environs, dans leurs flancs abritant
Les soldats ennemis : mais on voyait pourtant,
Dans l'opaque brouillard, la flamme de la poudre
Rayant les bastions. Semblables à la foudre,
D'un tonnerre incessant, leurs canons furieux
Faisant frémir les airs, ripostaient de leur mieux ;
Répondant coup, pour coup, aux feux des batteries

Qui bombardaient le fort. Les deux artilleries
D'une grêle d'obus se couvraient à l'envi.
Un coup parti, sitôt d'un autre était suivi !
Et, lorsque s'abattait la trombe de mitraille,
On voyait, projetés, des débris de muraille
Et des masses de terre, obscurcissant encor
L'atmosphère infernale. En ce sombre décor,
On entendait souvent les hommes de vigie,
Surveillant, animés d'une mâle énergie,
Les canons allemands — Combien de ces héros
Sont tombés ignorés ! — Sans le moindre repos,
Sitôt que paraissait, au lointain, la fumée
De la poudre sortant des canons, enflammée ;
Un strident coup de trompe, et le cri du veilleur,
Annonçaient d'où venait la mort, à l'artilleur ;
Qui, grâce à ces signaux pouvait garer sa vie
Et, parfois, se soustraire à la foudre ennemie.

J'ai dit qu'étant fourrier, je venais du rapport ;
Et que, chemin faisant, je passais près d'un fort.

J'allais, au capitaine en service aux tranchées,
Porter l'ordre du jour, par des routes jonchées
D'éclats nombreux de fonte ; et pour arriver là
Je devais cheminer tout-à-fait au-delà
De ce fort, devenu la formidable cible
Qui se nommait Montrouge. Ainsi qu'un vaste crible,
Ses murs étaient troués sous les coups incessants
Des redoutables Krupp, dont les obus puissants
L'entamaient sans succès. Je devais, pour atteindre
Directement mon but, quoiqu'ayant tout à craindre,

Traverser, sans abri, la ligne où se croisaient
Les feux belligérants, dont les bombes faisaient
Un bruit épouvantable en passant sur ma tête.

Je confesse, humblement, que c'était mince fête
Pour moi, de me trouver en situation
D'être envoyé, du coup, sans consultation...
Sans qu'on m'eût demandé mon avis préalable,
En un monde meilleur. — Ce bruit épouvantable
Etait tel, que souvent sur la neige je dus
M'étendre, pour offrir aux éclats des obus
Une prise moins grande ; et, sans honte j'avoue
Que j'ai senti, parfois, tout le sang de ma joue
Vers mon cœur affluer. Je donne un démenti
Formel à qui prétend qu'il n'a rien ressenti
Quand, tout autour de lui, sifflaient les projectiles ;

Pour moi, dût-on traiter de frayeurs puériles
Celles que j'éprouvais, je ne chercherai point
A les dissimuler :

                    Avant que j'eusse joint
Du reste la tranchée, objet de mon voyage,
J'allais en éprouver encor bien davantage.

Tantôt marchant, tantôt couché tout de mon long
Au milieu du chemin, ému, j'avançais donc :
Ne sachant pas toujours, au sein de ce vacarme,
De quel côté venait l'objet de mon alarme.

Pour la vingtième fois la trompe, au son criard,

Prévenait qu'il fallait se cacher sans retard ;
Quand un énorme obus, près de moi, sur la terre
Frappe... éclate... semblable au fracas du tonnerre,
Et projette en tous sens ses terribles débris.
Sur la neige étendu, je fis — *in extremis* —
Mes adieux à la vie, en pensant que mon heure
Dernière avait sonné. Je revis la demeure
Où mon père habitait ; et, de mes jeunes ans
Le séjour regretté ; je revis mes parents,
Mes amis, tout cela pendant que vers ma tête
Se dirigeait, portant, dans mon âme inquiète,
Le trouble et l'épouvante, un énorme fragment
De l'obus éclaté. J'entendais nettement
Le sifflement affreux qu'en sa course inégale
Il produisait dans l'air, abrégeant l'intervalle
Le séparant de moi.

                Je me croyais perdu
Et j'attendais la mort ; quand, fait inattendu,
Je le vis s'enterrer à quelques pas à peine
De moi-même. Aussitôt, retrouvant mon haleine,
Vers lui je m'élançai.

                    Tout en m'en emparant,
Et me brûlant les doigts au plomb le recouvrant,
Je remerciai Dieu, du plus profond de l'âme,
De m'avoir préservé. Bien haut, je le proclame !
Oui ! quoique peu dévôt, en ce dernier instant,
J'implorai son secours... sans y compter pourtant !

Quatre Mobilisés, témoins de l'aventure,

Voyant que je n'avais pas la moindre blessure,
— Alors qu'ils s'attendaient à me voir écrasé
Par l'engin meurtrier, en vingt morceaux brisé ; —
Me dirent, en riant, que j'avais dans ma poche [1]
Un peu de la ficelle à laquelle on s'accroche
Quand, pour quitter ce monde, on se pend par le cou.
Religieusement, j'ai gardé ce... joujou...
Et c'est en le voyant que me vint en mémoire
La vive émotion dont j'ai conté l'histoire.

----

(1) « Tu as de la corde de pendu dans ta poche, toi ! » (sic)

MONTROUGE

(Episodes du Bombardement)

Depuis quinze grands jours, sur le fort on lançait,
De trois points à la fois, les obus à souhait.
Le canon ennemi tonnait de Bourg-la-Reine,
De Meudon et de l'Hay. Pendant une semaine,
La poudre faisant rage, on n'apercevait plus
Les bâtiments du fort, que dans un jour confus.

Certain soir, cependant une lumière intense
Nous éclairant, nous montre, en une flamme immense,
Ces mêmes bâtiments entièrement en feu.
Les vaillants défenseurs qu'on voyait au milieu
De cet ardent brasier, portaient sur leur coiffure
Le nom « Louis quatorze » [1] et leur noble figure,

(1) Les marins du vaisseau le « Louis XIV ».

Par la flamme empourprée, imitait les portraits
Qu'on se plaît à prêter aux noirs démons extraits
De l'antre des enfers. Ils auront dans l'histoire
Une page sublime ; et j'aurais peine à croire,
Si je ne l'avais vu, qu'on puisse, sous les cieux,
Trouver êtres vivants assez audacieux,
Pour, la sape à la main, debout sur la muraille,
Sans souci des obus, riant de la mitraille,
Combattre, sans terreur, le fléau destructeur.
On les apercevait de toute leur hauteur,
S'élançant, pleins d'entrain, parmi les projectiles
Dont les éclats nombreux lançaient en l'air les tuiles.
Héros, narguant la mort, qui, cependant fauchait
A tout instant l'un d'eux, rien ne les empêchait
D'accomplir leur devoir : ils avaient reçu l'ordre...
Ils préféraient mourir plutôt que d'en démordre.

L'ennemi, les voyant, rectifiait son tir
Et les couvrait d'obus. Le glorieux martyr
Qui les commandait tous, excitant leur courage,
Se prodiguait partout, les poussait davantage.

C'est l'illustre marin qui préféra la mort
A l'affront d'amener le pavillon du fort.

Lorsqu'on l'eut averti qu'il lui fallait se rendre,
Refusant d'obéir, ne voulant rien entendre,
Tel un guerrier antique, il mourut noblement ;
Nul ne doit ignorer ce triste dénoûment.

[1] Larret,.. c'était son nom ! que chacun le proclame !

(1) Larret de Lamalignie.

Découvrez-vous bien bas, saluez sa grande âme !
Ah ! si du moins Bazaine avait fait comme lui,
Sa mémoire serait glorieuse aujourd'hui !

J'ai dit que l'Allemand nous couvrait de ses bombes ;
Combien n'ont-elles pas hélas ! creusé de tombes ?...

Mais écoutez plutôt l'effroyable récit
D'un obus qui, tombant au milieu de la nuit,
Broya de la façon la plus épouvantable,
Deux de mes compagnons L'un d'eux, garçon aimable,
Avait pour nom Malex. Il était percepteur
A Limoges, je crois ; et fut, pour son malheur,
Retenu dans Paris quand on ferma les portes.
Il avait combattu contre bien des cohortes,
En Crimée, au Mexique, en Italie aussi.
Au Mexique, il paraît, d'un coup de main hardi
Ayant été l'auteur, comme un bon militaire
On l'avait médaillé. D'un charmant caractère,
A chacun il plaisait ; tout le monde l'aimait.

L'autre, aussi vieux troupier, c'est Prost qu'on le nommait,
N'avait (faut-il le dire ?) aucune ressemblance
Avec le bon Malex. Sa malheureuse chance
L'avait, bien malgré lui, fait venir à Paris.
Etant ancien soldat et par la loi repris,
Il devait s'en aller jusqu'à Metz-la-Pucelle ;
Mais lui, peu soucieux d'aller sur la Moselle,
Avait fort intrigué, voulant être nommé
Dans la Mobile, dont venaient d'être formés
De nombreux régiments. Espérant que la guerre

Aurait peu de durée, il se figurait faire
Doucement son service en restant à Mâcon,
Endroit où l'on avait armé le bataillon.
Aussi, quand il fut dit qu'à Paris la Mobile
S'en irait, pour se battre et défendre la ville,
Il fut anéanti, ne voulait point partir
Et pressentait vraiment qu'il devait y mourir.
Ils allaient tous les deux, bien loin de la mêlée,
Mourir obscurément, fatale destinée !
Et, leur fin, précédant de peu de jours la paix,
Confirmait du destin les effrayants arrêts.

Mais à l'abri des murs de la ville affamée,
Pendant que l'on créait une nouvelle armée ;
Que l'on coulait le bronze et l'acier meurtriers
Dont allaient se servir " des soldats ouvriers "
Nous tenions la campagne à l'entour de la ville
Et, successivement, de Créteil à Joinville,
Nous, pauvres fantassins, l'âme et le corps transis,
Faisions constamment face aux soldats ennemis.
Chaque jour, chaque nuit, par la pluie ou la neige,
Et Dieu sait ce qu'étaient les froides nuits du siège !
Nous étions de grand-garde aux postes avancés,
Souvent le corps mouillé, toujours les pieds glacés.

Malgré tout, l'on riait encor dans la journée.
Mais, quand la nuit tombant, la nuit noire et givrée,
Ne laissait nul espoir d'être victorieux ;
Quand on n'osait prétendre à rien de glorieux,
Parcequ'en la tranchée il faut être impassible ;
Le cœur était saisi d'une étreinte pénible,

La gaîté faisait place au découragement,
Et, plus d'un réclamait, tout bas un dénoûment.

Un jour sur deux, pourtant, nous quittions le service.
Ah ! je le dis ici, sans aucun artifice,
Il était désiré, ce jour " *trois fois heureux* ",
Autant que le Messie au milieu des Hébreux ;
Et je n'essaierai point d'en détailler les charmes,
Le moindre n'était pas de déposer les armes.

C'est en un jour pareil et après le repas
Du soir que nos amis subirent le trépas.

Nous avions l'habitude, au cours de la soirée,
Pour charmer nos loisirs et tromper la durée
Des heures de la nuit, entre sous–officiers,
De nous livrer au jeu comme de vrais croupiers.
Souvent nous y perdions le prêt d'une semaine.
Ce soir-là, justement, Malex était en peine
De savoir où placer tout l'argent qu'il gagnait.
Pauvre excellent garçon ! c'est quand il l'alignait,
Que la mort affûtait son instrument terrible ;
C'est lorsque nous levions la séance paisible
Dans laquelle j'avais vu s'en aller mon prêt,
Que l'artilleur teuton dans son canon plaçait
L'obus qui le devait lancer dans l'autre monde,
Ainsi que Prost, tous deux d'une façon immonde.

Entre temps, l'on saura que l'habitation
Nous abritant, était une construction
Tout entière affectée à notre compagnie,

Qui, partant, se trouvait sous son toit réunie.
Les uns, de la chaussée aimant mieux être près,
En occupaient le bas, d'un plus facile accès ;
Puis, successivement dans les divers étages,
D'autres ayant trouvé, pour eux et leurs bagages,
Un convenable endroit, s'en étaient emparé
Et s'étaient installés tout–à–fait à leur gré.
La bougie ou le suif, brûlant dans les chambrées,
Le soir, montrant trop bien par les baies éclairées
Le chemin aux obus, dans la nuit noire offrait
Au soldat prussien, le séduisant attrait !
D'un brillant point de mire, et, fatale bravade,
Dirigeait sûrement ses coups de caronade.

Pour peindre décemment cette effroyable mort
Je suis embarrassé, j'hésite tout d'abord ;
Et j'appelle à mon aide et la Muse héroïque,
Et celle de l'Histoire au tour académique.
Mais si je veux décrire, en langage précis,
Les effrayants détails de tout ce que je vis ;
Il me faut, forcément, en bon français le dire
Et l'on m'excusera de trop bien le traduire.

Que ne puis–je oublier ce spectacle poignant !

Malex et Cordenot, Prost les accompagnant,
S'étaient logés tous trois, avec un quatrième,
En haut de la maison. Ils pouvaient, par là-même,
Voir, très distinctement, les canons ennemis.
Pendant qu'ils se couchaient, toujours nos quatre amis
Allumaient un falot dont la flamme brillante,

Les éclairait, sinon de façon suffisante,
Du moins assez pour que son éclat lumineux
Fût visible aux pointeurs de l'Allemand « haineux »
La prudence, pourtant, leur commandait, de reste,
Avec leur couverture ou simplement leur veste,
De masquer la croisée. On les avertissait
Et leur disait souvent : « Un jour il se pourrait
Que vous y passiez tous !!! » Cela les faisait rire.
" Le canon allemand ", disaient-ils, nous inspire
Le plus profond mépris! » Pauvres gens!... Nous dormions
D'un paisible sommeil, — De Mâcon nous rêvions —
Lorsqu'un bruit, que précède un tremblement énorme,
Nous réveille en sursaut. Ce bruit était conforme
A celui qu'on produit en brisant des tonneaux.
— Nos hommes, fréquemment, en rompaient les cerceaux [1]
Dans la chambre existant au-dessus de la nôtre. —
Maugréant, nous disions : « C'est quelque bon apôtre
De la chambre au-dessus qui veut nous ennuyer ! »
Quand tout à coup des cris nous viennent effrayer.

" Au secours ! au secours ! Malex et Prost sont morts !!! "

Sur-le-champ, nous dressant, poussés par des ressorts,
Nous gravissons, d'un bond, l'escalier du deuxième…
Nous croisons, en montant, Cordenot, le teint blême
Et les cheveux roussis ; chancelant, l'air hagard,
Les yeux épouvantés, n'ayant plus de regard,

Sa capote, en lambeaux et de sang dégoûtante,

____

(1) Nous occupions les entrepôts d'un négociant en vins.

Brûlait en maints endroits ; et sa gorge, haletante,
Râlait, en hoquetant, ces mots : « Là ! Malex ! Prost !
Par un obus !... tués !!! »

                               Sur le palier bientôt
Arrivés, nous voyons, par la porte arrachée,
Au milieu des débris dont la chambre est jonchée,
Le plus hideux tableau qui se puisse rêver.

Les malheureux, punis d'avoir voulu braver
Jusqu'à ce jour la mort, étaient saisis par elle.
Nous avions sous les yeux un navrant pêle-mêle ·
De muscles pantelants, de platras et de sang !
Ils étaient éventrés, sans thorax, sur le flanc.

L'obus, en éclatant, déchirant leur poitrine,
Avait tout emporté, laissant à nu l'échine.
Leurs cheveux, sur la tête étaient tout droit dressés ;
Malex avait aussi les deux bras fracassés.
Leur face convulsée offrait une effrayante
Expression d'horreur et l'odeur écœurante
De la poudre, mêlée au goût âcre du sang,
Nous étreignait la gorge ; alors que sur un banc,
Commençant à flamber, éclataient des cartouches,
Et que, sur le parquet, où se trouvaient leurs couches,
On voyait des débris de chair et d'intestins
Dont quelques-uns s'étaient accrochés à leurs mains ;
Puis enfin, comme fond, la paroi de sang rouge
D'un sinistre reflet éclairait l'affreux bouge.

Un semblable spectacle, on le pense aisément,

Nous fit nous demander si vraisemblablement,
Nous n'étions point l'objet d'un cauchemar horrible.
Car nous ne pouvions croire hélas ! qu'il fut possible
Que l'excellent Malex, auquel, une heure avant,
Nous avions adressé le bonsoir, en buvant
A son succès au jeu, se trouvait là, sans vie,
Victime, ainsi que Prost, de sa forfanterie.

A la réalité revenant cependant,
Nous éteignons le feu, qui, depuis un instant
Faisant de grands progrès, remplissait de fumée
La chambre où tant d'horreur se trouvait enfermée.

Depuis ces jours lointains, en rêvant quelquefois
A ce tableau sanglant ; en voyant, à la fois,
Et leurs cheveux raidis, et leur face effrayée ;
Je me suis demandé, si, faisant sa percée,
L'obus sur eux avait aussitôt éclaté.

J'ai la conviction qu'il n'en a rien été,
Et que les malheureux, pendant une seconde,
— Qui pour eux fut un siècle — ont dû de l'autre monde
Voir les portes s'ouvrir à leurs yeux angoissés...

On est glacé soi-même à de pareils pensers !

Quant à l'autre sergent, nommé... son nom m'échappe,
Il ne dut son salut, et ce hasard me frappe,
Qu'à cette circonstance — et par ordre fortuit,
D'avoir du colonel été planton de nuit.
Sa place restant vide entre les deux victimes,

— Dont l'une nous laissait des regrets unanimes —
Et le bon Cordenot, fut ce qui préserva
Ce dernier d'une mort certaine et le sauva.

Je finis, sur ces mots, mon récit historique.
Sans doute il est sujet à plus d'une critique ;
On dira qu'il est long, ou malpropre, ou confus ;
Que le vers est sans grâce et lourd... peut-être plus...
Ah ! qu'on soit indulgent, car la Muse moqueuse
M'a faussé compagnie au début... la boudeuse !

G. Jance.

www.ingramcontent.com/pod-product-compliance
Ingram Content Group UK Ltd.
Pitfield, Milton Keynes, MK11 3LW, UK
UKHW020103100726
13658UKWH00004B/1949